LE PROFESSEUR VOLT EST UN SCIENTIFIQUE CÉLÈBRE. IL A CONÇU CETTE MACHINE À VOYAGER DANS LE TEMPS POUR LA FAMILLE STILTON. LEUR MISSION : DÉFIER LES CHATS PIRATES ET SAUVER L'HISTOIRE!

RATONAUTILUS

ZKII ZIIK

MON ONCLE, AUJOURD'HUI C'EST LE *2 AOÛT*. VOUS RAPPELEZ-VOUS QUAND EXACTEMENT COLOMB PARTIT EN MER?

SI JE ME SOUVIENS BIEN, IL FIT VOILE LE 3 AOÛT...

NOUS DEVONS NOUS *DÉPÊCHER!*

Geronimo Stilton

LA DÉCOUVERTE DE L'AMÉRIQUE

ÉDITIONS
origo

À l'origine d'une belle aventure!

Texte de Geronimo Stilton
Couverture de Flavio Ferron *et illustrations de* Lorenzo De Pretto
Graphisme par Michela Battaglin

© 2007- EDIZIONI PIEMME S.p.A., via Tiziano 32- 20145 Milan, Italie
© 2010 – Pour cette version française par Les Éditions Origo
Droits internationaux © ATLANTYCA S.p.A., Via Leopardi 8, 20123 Milan, Italie
foreignrights@atlantyca.it – www.atlantyca.com

Titre original : Geronimo Stilton Alla Scoperta Dell'America
*Basé sur l'idée originale d'*Elisabetta Dami.

Traduction par Marie-Pier Hamon et Jessica Hébert-Mathieu

www.geronimostilton.com

Édition canadienne
Les Éditions Origo
Boîte postale 4
Chambly (Québec) J3L 4B1
Canada
Téléphone : 450 658-2732
Courriel : info@editionsorigo.com

978-2-923499-28-4

Imprimé en Thaïlande
Gouvernement du Québec – Programme de crédit d'impôt pour l'édition de livres – Gestion SODEC

BIP! BIP!

MOZZARELLA MOISIE! C'EST L'ALARME DU PROFESSEUR VOLT!

BIIIP! BIIIP!

PROFESSEUR VOLT! C'EST UN PLAISIR DE VOUS ENTENDRE! COMMENT ALLEZ-VOUS? OUI, BIEN SÛR. J'ARRIVE...

...MAINTENANT!

JE ME RUAI AU LABORATOIRE DU PROFESSEUR VOLT. MON MEILLEUR AMI AVAIT QUELQUES NOUVELLES *EXTRAORDINAIRES*...

JE SUIS LÀ! J'AI COURU!

MERCI, GERONIMO! J'AI QUELQUE CHOSE À TE MONTRER...

CE NOUVEL INSTRUMENT INDIQUE LES CHANGEMENTS QUI SE PRODUISENT DANS LE PASSÉ.

CE SIGNAL M'INDIQUE QUE LES *CHATS PIRATES* TRAVERSENT LE TEMPS AFIN DE *CHANGER L'HISTOIRE POUR LEUR BÊNÊFICE*... ET C'EST CE QUI SE PASSE EN CE MOMENT!

1492

LES CHATS PIRATES! C'EST TOUJOURS EUX! QUAND ILS TRAVERSENT LE PASSÉ, ILS CHANGENT AUSSI LE *PRÉSENT*! NOUS DEVONS LES ARRÊTER!

GERONIMO! TU DOIS APPELER TA FAMILLE!

GLOUP!

VOUS AVEZ RAISON!

RAPIDEMENT, J'APPELAI MA FAMILLE. ILS NE DISENT JAMAIS NON À UNE NOUVELLE AVENTURE! MA SŒUR TÉA...

JE VAIS REPORTER MON VOYAGE DANS LA FORÊT AMAZONIENNE!

MON NEVEU BENJAMIN, SON AMIE PANDORA...

FANTASTIQUE!

ET MON COUSIN, TRAQUENARD!

LES CHATS PIRATES? J'ARRIVE!

UNE HEURE PLUS TARD

LES CHATS PIRATES SONT ALLÉS EN 1492, EN ESPAGNE, L'ANNÉE OÙ *CHRISTOPHE COLOMB* EST ARRIVÉ EN AMÉRIQUE! JE SUIS SÛR QU'ILS VEULENT CHANGER L'HISTOIRE!

COMMENT ALLONS-NOUS LES RATTRAPER, PROFESSEUR?

AVEC LE *RATONAUTILUS*, MES AMIS! MA DERNIÈRE INVENTION! UNE MACHINE À VOYAGER DANS LE TEMPS!

MOUSTACHES DE CHAT-GAROU!

WOW!

GRACIEUX GORGONZOLA!

PROFESSEUR, VOUS NOUS SURPRENDREZ TOUJOURS!

RATONAUTILUS

CHOUETTE! *UN AUTRE VOYAGE DANS LE TEMPS!* MAIS... COMMENT ALLONS-NOUS FAIRE POUR PASSER INAPERÇUS?

VOUS TROUVEREZ DES **vêtements** ET TOUT CE DONT VOUS AUREZ BESOIN POUR VOTRE VOYAGE DANS LE RATONAUTILUS!

VRRRR

ET COMMENT ALLONS-NOUS FAIRE POUR COMPRENDRE TOUT LE MONDE?

AVEC CET ÉCOUTEUR! IL EST PRESQUE INVISIBLE *ET TRADUIT TOUTES LES LANGUES!*

SUPER!

ET QU'ALLONS-NOUS MANGER? MON ESTOMAC *GARGOUILLE* DÉJÀ... GARGL!

HUM, PROFESSEUR, NE L'ÉCOUTEZ PAS. DITES-NOUS PLUTÔT OÙ SONT LES CHATS PIRATES!

BONNE CHANCE! ET N'OUBLIEZ PAS : *LE FUTUR EST ENTRE VOS PATTES!*

EN ESPAGNE, DANS LA VILLE DE PALOS, LE PORT OÙ *COLOMB* S'EMBARQUA AU MOIS D'AOÛT...

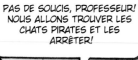

PAS DE SOUCIS, PROFESSEUR! NOUS ALLONS TROUVER LES CHATS PIRATES ET LES ARRÊTER!

DONC, NOUS PARTÎMES POUR UN NOUVEAU VOYAGE DANS LE TEMPS. NOUS NE SAVIONS PAS LES DANGERS AUXQUELS NOUS AURIONS À FAIRE FACE, MAIS NOUS ÉTIONS PRÊTS À RISQUER NOS MOUSTACHES DANS CETTE AVENTURE!

ZKIIIZIIK

PALOS
AUJOURD'HUI, PALOS EST UN PETIT VILLAGE, MAIS À L'ÉPOQUE DE COLOMB, C'ÉTAIT UN GRAND PORT, QUI DEVINT ENCORE PLUS IMPORTANT APRÈS LA DÉCOUVERTE DE L'AMÉRIQUE.

Espagne

Palos

RETOUR À PALOS. C'ÉTAIT LE *1ER AOÛT 1492*. LES SOUVERAINS D'ESPAGNE, FERDINAND ET ISABELLA, AVAIENT DEMANDÉ À CHRISTOPHE COLOMB DE DÉCOUVRIR UNE NOUVELLE ROUTE POUR LES INDES ET LE GRAND NAVIGATEUR ITALIEN ÉTAIT PRÊT POUR LE DÉPART...

AU MÊME MOMENT, LES CHATS PIRATES ÉTAIENT ARRIVÉS À PALOS ET SE PRÉPARAIENT POUR LEUR MISSION...

CHATS CALAMITEUX! MAINTENANT, OÙ ALLONS-NOUS METTRE LE *CATJET*?

PERSONNE NE DOIT TROUVER NOTRE *MACHINE À VOYAGER DANS LE TEMPS*! COUVRONS-LA DE CES DÉCHETS!

CATJET

GROUILLE-TOI, TÊTE DE POILS!

CES BOULES DE POILS SONT TROP GÂTÉES! JE DOIS TOUJOURS FAIRE LE SALE BOULOT!

MAINTENANT QUE NOUS SOMMES EN ESPAGNE, QU'ALLONS-NOUS FAIRE? ALLONS-NOUS AU PORT?

OUI, *TERSILLA*! QU'ALLONS-NOUS FAIRE? ALLONS-NOUS VOIR JOUER LE *REAL MADRID*?

NE COUIC PAS,* BONZO! LE *SOCCER* N'A PAS ENCORE ÉTÉ INVENTÉ!

* NE DIS PAS DE BÊTISES

ENFILONS NOS MASQUES DE SOURIS MAINTENANT... ENSUITE, NOUS POURRONS CIRCULER SUR LA CÔTE...

JE DOIS AUSSI RESSEMBLER À UN MARIN!

OREILLES DE SOURIS

MUSEAU DE SOURIS

PLUS TARD, AU PORT...

ÉCOUTEZ, RONGEURS! JE SUIS *MINESTRONE MOUSTRONI*, L'INSPECTEUR ROYAL! JE PARLE AU NOM DU ROI. NOUS AVONS BESOIN DE MARINS EXPÉRIMENTÉS, FORTS ET INTRÉPIDES...

LES CHATS PIRATES AVEC LEURS MASQUES DE SOURIS!

L'INSPECTEUR ROYAL VOYAGEAIT AVEC COLOMB. IL ÉTAIT RESPONSABLE DE RAPPORTER TOUS LES DÉTAILS DE LA MISSION AU ROI FERDINAND ET À LA REINE ISABELLA.

TU AS UN DRÔLE D'AIR AVEC CE MASQUE DE SOURIS!

COMMENT OSES-TU! JE SUIS TON *PATRON*!

*MIAOU-VOUS!** VOULEZ-VOUS QU'ILS NOUS DÉMASQUENT?

SUIVANT!

*CALMEZ-VOUS!

ET QUE POUVEZ-VOUS FAIRE?

J'AI SERVI TROIS ROIS, J'AI NAVIGUÉ SUR TOUTES LES MERS, J'AI DÉCOUVERT DES CENTAINES DE *TRÉSORS* ET JE SUIS UN AS DE LA BARRE...

MARIN, SI LA MOITIÉ DE CE QUE VOUS AVEZ DIT EST VRAI, VOUS ÊTES NOTRE RONGEUR...

NOUS SERIONS HEUREUX, MES COMPAGNONS ET MOI, DE SERVIR SOUS LES COMMANDEMENTS DE COLOMB!

QUELS COMPAGNONS? ces deux-là?

HÉ, L'IMBÉCILE! TU PENSES QUE TU ES UN MEILLEUR MARIN QUE MOI? VRAIMENT?

OUI! MA MAMAN ME L'A DIT!

!!!

NOUS AVONS BESOIN D'UN BON BARREUR, MAIS NOUS NE VOULONS AUCUN VOYOU. DITES-LEUR QUE ÇA SUFFIT... ENSUITE, *SUIVEZ-MOI!*

C'EST LA **SANTA MARIA**, LE BATEAU À VOILES DE CHRISTOPHE COLOMB. LES DEUX AUTRES BATEAUX SONT LA **NIÑA** ET LA **PINTA.**

MAGNIFIQUES BATEAUX, MONSIEUR! AVEC EUX, NOUS ALLONS POUVOIR BRAVER TOUTES LES mers!

CAPITAINE! VOICI, UN **AS DE LA BARRE** ET DEUX **MATELOTS** POUR VOUS!

HUM... LAISSEZ-MOI LES VOIR!

MES CHERS RONGEURS! SAVEZ-VOUS OÙ NOUS ALLONS?

BIEN SÛR! NOUS ALLONS EN AM ... GARGL!

NON, CAPITAINE! NOUS NE LE SAVONS PAS!

NOUS ALLONS NAVIGUER VERS LES **INDES**! MAIS NOUS IRONS VERS L'OUEST! NOUS ALLONS DONC PROUVER QUE LA TERRE EST **RONDE**!

LES INDES À L'ÉPOQUE DE COLOMB, L'AMÉRIQUE N'ÉTAIT PAS ENCORE CONNUE. LE PLAN DE COLOMB ÉTAIT DONC DE GARDER LE CAP À L'OUEST JUSQU'AUX INDES!

CAPITAINE COLOMB! NOUS NE COMPRE-NONS PAS!

CESSEZ DE COUINER! VOUS N'AVEZ PAS À COMPRENDRE! VOUS ÊTES JUSTE DES MATELOTS!

ÊTES-VOUS PRÊTE À AFFRONTER CE LONG ET **DANGEREUX** PÉRIPLE?

BIEN SÛR, CAPITAINE! SOUS VOTRE COMMANDEMENT, JE GUIDERAI CE BATEAU JUSQU'AU BOUT DE LA TERRE!

COLOMB MONTRA À SON NOUVEAU BARREUR SON BATEAU...

VOICI LE GOUVERNAIL! ICI, VOUS POURREZ GUIDER LE NAVIRE. ET SI VOUS TRAVAILLEZ BIEN, JE SAURAI VOUS RÉCOMPENSER CONVENABLEMENT...

JE NE VOUS DÉCEVRAI PAS!

LE JOUR SUIVANT, NOUS ARRIVÂMES EN ESPAGNE AVEC LE RATONAUTILUS. CES VOYOUS ALLAIENT NOUS CAUSER DES ENNUIS...

WOW! QUEL VOYAGE!

PALOS EST JUSTE LÀ!

QUI SAIT OÙ CES FOUTUS CHATS SE CACHENT...

ALLEZ! NOUS DEVONS TROUVER LES CHATS PIRATES!

ATTENDS UNE MINUTE, MON ONCLE!

QU'Y A-T-IL, BENJAMIN?

TU NE PEUX PAS TE PROMENER EN 1492 HABILLÉ AINSI!

DE QUOI AI-JE L'AIR?

LES VÊTEMENTS DU PROFESSEUR NOUS ALLAIENT À LA PERFECTION...

ALLONS DIRECTEMENT AU PORT. QUELQU'UN A SÛREMENT VU CES FOUTUS CHATS...

PALOS ÉTAIT UNE VILLE PLEINE DE COMMERCES ET D'ARTISANS AU TRAVAIL...

UN COMMERCE POUR RÉPARER LES VOILES! NOUS SOMMES DANS UNE VILLE PORTUAIRE, C'EST SÛR...

CHRISTOPHE COLOMB PARTIT D'ICI UN MATIN, EN ÉTÉ...

HÊ! ATTENDEZ-MOI!

OUPS!

BANG!

PFFF... DÉBARRASSEZ-MOI DE CETTE VOILE!

MON ONCLE, AUJOURD'HUI C'EST LE **2 AOÛT**. VOUS RAPPELEZ-VOUS QUAND COLOMB PARTIT EN MER EXACTEMENT?

SI JE ME SOUVIENS BIEN, IL FIT VOILE LE 3 AOÛT...

NOUS DEVONS NOUS *DÉPÊCHER!*

PEU APRÈS, NOUS ARRIVÂMES AUX ALENTOURS DU PORT. J'ÉTAIS CERTAIN QUE LES CHATS NE SERAIENT PAS TROP LOIN...

OH! QU'IL EST AGRÉABLE DE NAVIGUER, SUR TOUTES LES MERS ET TOUTE LA JOURNÉE!

COMME CES GENS SONT JOYEUX! POUVONS-NOUS ENTRER ET MANGER QUELQUE CHOSE?

Posada

HÉ! *REGARDEZ!*

QU'AS-TU VU?

REGARDEZ CETTE PILE DE DÉCHETS...

QUEL EST LE PROBLÈME?

À CETTE ÉPOQUE, LES HABITANTS DE LA VILLE NE RAMASSAIENT PAS LEURS DÉCHETS; ILS LES JETAIENT DANS LA RUE...

MAIS ILS ONT JETÉ ICI PLUSIEURS DÉCHETS TRÈS ÉTRANGES VENANT DE CETTE AUBERGE...

QUI A PU MANGER TOUT CE *POISSON?*

QUELLE HORRIBLE odeur!

DU POISSON? HUM...

HÉ! Mozzarella moisie!

SPLOUCH!

QU'EST-CE QUE VOUS FAITES ICI?

REGARDE PLUTÔT CE QUE TU FAIS, MALADROIT!

EXCUSEZ-NOUS, MAIS... QUEL GENRE DE RONGEUR PEUT MANGER AUTANT DE POISSON?

JE TROUVAIS AUSSI BIZARRE QUE CES ÉTRANGERS NE DEMANDENT QUE DU POISSON... HABITUELLEMENT, LES SOURIS AIMENT LE FROMAGE!

« JE LEUR AI OFFERT MES MEILLEURS PLATS, MAIS ILS NE VOULAIENT EN GOÛTER AUCUN... »

NON! PAS DE SOUPE, PAS DE FROMAGE! NOUS VOULONS DU POISSON!

OUI, BEAUCOUP DE POISSON! DE LA DAURADE, DU LOUP DE MER ET DU CORÉGONE!

ET OÙ CES ÉTRANGERS SE DIRIGEAIENT-ILS?

C'ÉTAIENT DES MARINS ET ILS VOULAIENT NAVIGUER. ILS M'ONT DEMANDÉ OÙ ÉTAIT LE PORT...

ILS CHERCHAIENT LE BATEAU DE COLOMB... HÉ! VOUS NE VOULEZ PAS MANGER QUELQUE CHOSE?

ALLEZ! ALLONS AU PORT!

DIX MINUTES PLUS TARD...

C'EST LE PORT!

QUELS BEAUX BATEAUX!

MAIS COMMENT ALLONS-NOUS FAIRE POUR TROUVER LES CHATS PIRATES?

PFFF! PFFF! SAVEZ-VOUS OÙ SONT LES NAVIRES DE COLOMB?

COLOMB, CE GARS ÉTRANGE?

LÀ-BAS, VOUS TROUVEREZ D'AUTRES *FOUS* QUI, COMME VOUS, VEULENT ALLER EN MER AVEC CE RÊVEUR!

FINALEMENT, NOUS TROUVÂMES LES NAVIRES DE COLOMB...

ILS SONT LÀ!

VENEZ! L'ÉQUIPAGE EST PRESQUE COMPLET!

CE SONT LES MARINS DE COLOMB! LES CHATS NE DOIVENT PAS ÊTRE TRÈS LOIN!

HÊ! ATTENDEZ-MOI!

OUPS!

AILLE!

LE *3 AOÛT 1492* FUT UN GRAND JOUR POUR PALOS. LA VILLE ENTIÈRE VINT AU PORT POUR CÉLÉBRER LE DÉPART DE COLOMB...

AU REVOIR, PALOS!

CIAO!

ON S'EN VA!

SCOUIC!

AU REVOIR TOUT LE MONDE!

J'ESPÈRE QUE JE N'AURAI PAS LE *mal de mer!*

TOUT LE MONDE EST D'ACCORD! NOUS ALLONS *FENDRE* LES COMMANDES DU BATEAU...

MAIS QUELQU'UN AVAIT QUELQUE CHOSE D'AUTRE EN TÊTE...

CELA SE PRONONCE *PRENDRE*... ET NOUS LES PRENDRONS LORSQUE JE LE DIRAI!

HA! HA!

CAPITAINE, ALLONS-NOUS RÉELLEMENT TROUVER LES INDES?

CERTAINEMENT! JE ME PRÉPARE POUR CETTE EXPÉDITION DEPUIS DES ANNÉES!

COLOMB MIT UNE DIZAINE D'ANNÉES À TROUVER DES APPUIS FINANCIERS POUR SON EXPÉDITION. EN FAIT, IL AVAIT DÉJÀ PRÉSENTÉ SON PROJET AU ROI DU PORTUGAL EN 1483.

NOUS SUIVRONS CETTE ROUTE DURANT DEUX SEMAINES. ENSUITE, NOUS IRONS VERS LE SUD. PUIS, ENCORE UNE FOIS VERS L'OUEST. LES INDES NE SONT PAS LOIN!

AS-TU ÉCRIT CELA, LE SCRIBE? LE ROI FERDINAND VEUT UN RÉCIT FIDÈLE DE CE VOYAGE.

BIEN SÛR! LORSQUE LE ROI LIRA MON RÉCIT, CE SERA COMME S'IL AVAIT VOYAGÉ AVEC NOUS!

CE SERA UN EXPLOIT MAGNIFIQUE!...

ESPÉRONS-LE!

Le récit du scribe.
« LES MARINS N'AVAIENT PEUR DE RIEN... »

Brrr!
ÇA FAIT PEUR COMME UN CHAT NOIR!

« LE CUISINIER N'ARRÊTAIT PAS DE TRAVAILLER, MÊME LORSQU'IL DEVAIT FAIRE FACE AUX PIRES TÂCHES... »

SNIF! SNIF! JE HAIS LES OIGNONS!

CHAC! CHAC! CHAC!

« NOUS AVIONS LES MEILLEURS MARINS. »

AÏE!!! FAIS ATTENTION, IDIOT!

BANG!

18

MAIS LE MATIN SUIVANT...

CAPITAINE, POURQUOI LES BATEAUX SONT-ILS COMPLÈTEMENT *IMMOBILES*?

NOUS SOMMES ENTRÉS DANS UNE ZONE DE CALME PLAT. IL N'Y A PLUS DE VENT.

ET SI LE VENT NE *souffle* PAS, LA SANTA MARIA N'AVANCERA PAS...

VIENS COUSIN, VIENS JOUER AVEC NOUS!

J'ÉCRIS. COMBIEN DE FOIS DOIS-JE TE LE DIRE?

COUSIN, TU ES UN ÉTERNEL COUPEUR DE POILS EN QUATRE!

HÊ!

MAINTENANT, JOUONS AVEC TON JOURNAL... *ATTRAPEZ-LE!*

OUI, ALLEZ LE SCRIBE, COURS... SAUTE...

PRENDS-LE-MOI, SI TU PEUX!

ARRÊTE!

À L'AIDE!

HÊ!

VOUH!

ÊCARTEZ-VOUS!

CE SCRIBE EST MAL ÉLEVÉ!

19

QUELQUES JOURS PLUS TARD...

VOUS DEVEZ ME CROIRE, MES DEUX COUSINS, DES MARINS DE SÉVILLE...

NAVIGUAIENT VERS L'OUEST, À QUELQUES KILOMÈTRES DE LA CÔTE D'AFRIQUE...

BIEN SÛR! JE ME SOUVIENS D'EUX... QUE LEUR EST-IL ARRIVÉ À LA FIN?

JE NE SUIS PAS SÛR QUE CE SOIT UNE BONNE IDÉE DE VOUS LE RACONTER. MES MOUSTACHES SE DRESSENT DE peur...

SOIS BRAVE! RACONTE-LEUR! NOUS N'AVONS PEUR DE RIEN!

L'UN D'EUX NE REVINT JAMAIS CHEZ LUI. ET SAVEZ-VOUS POURQUOI? UN HORRIBLE MONSTRE MARIN SURGIT DE L'EAU...

...LES SUIVIT DURANT DES JOURS! IL AVAIT DEUX TÊTES, HUIT TENTACULES AVEC DES CROCHETS, ET UNE BOUCHE CRACHANT DES FLAMMES...

MAIS S'IL LES A SUIVIS DURANT DES JOURS, POURQUOI NE L'ONT-ILS PAS FUI DÈS LE DÉBUT?

AU DÉPART, LE SEUL SIGNE DE SA PRÉSENCE ÉTAIT UNE TERRIBLE odeur...

21

22

QUELQUES HEURES PLUS TARD...

À L'AIDE!!!

À L'AIDE! À L'AIDE! HÂTEZ-VOUS!

QU'Y A-T-IL?

UN MONSTRE!

POURQUOI CRIES-TU À L'AIDE?

J'AI VU UN MONSTRE!

UN MONSTRE! IL A DIT QU'IL A VU UN MONSTRE!

ALORS, C'EST VRAI! OÙ IL Y A DE LA PUANTEUR, IL Y A UN MONSTRE!

OÙ L'AS-TU VU?

DANS LA MER! IL ÉTAIT GÉANT! IL AVAIT DEUX TÊTES ET HUIT TENTACULES!

JE L'AI VU! JE L'AI VU MOI AUSSI!!

IL ÉTAIT ÉNORME! IL AVAIT TROIS TÊTES ET SIX TENTACULES... NON, IL AVAIT PLUTÔT QUATRE TÊTES ET DEUX TENTACULES...

UN MONSTRE MARIN!

NOS VIES SONT EN DANGER!

NOUS ALLONS DEVENIR DE LA NOURRITURE POUR CHATS!!!

QUEL EST TOUT CE VACARME?

CAPITAINE, NOUS AVONS APERÇU UN MONSTRE!

UN MONSTRE GÉANT AVEC TROIS TÊTES ET CINQ TENTACULES!

NON! DEUX TÊTES ET HUIT TENTACULES, AVEC DES CROCHETS!

LES MONSTRES MARINS N'EXISTENT PAS! NE CROYEZ PAS CES SUPERSTITIONS ABSURDES!

MAIS CAPITAINE...

SILENCE! ARRÊTEZ DE PERDRE VOTRE TEMPS ET RETOURNEZ AU TRAVAIL!

IL AVAIT DEUX TÊTES ET HUIT TENTACULES!

NON! NOUS AVIONS DIT TROIS TÊTES ET SIX TENTACULES!

DEUX TÊTES!

TROIS TÊTES!

STUPIDES CHATS!

PEU APRÈS...

L'EMPREINTE DES CHATS PIRATES EST AUTOUR DE CETTE HISTOIRE DE MONSTRE, J'EN SUIS SÛR...

OUI, PETIT FRÈRE, IL EST TEMPS D'ENQUÊTER PLUS SÉRIEUSEMENT!

POURQUOI AI-JE ACCEPTÉ CETTE AVENTURE?

NOUS COMMENÇÂMES À QUESTIONNER LES MARINS...

HUM... TOUT EST BIEN ICI?

LA ROUTE EST SANS DANGER, LE SCRIBE. LAISSE-NOUS JOUER EN PAIX!

FOUS LE CAMP, TÊTE DE FROMAGE!

QUI N'A PAS MANGÉ CES SOUFFLÉS AU FROMAGE?

BIZARRE QU'IL Y AIT QUELQU'UN À BORD QUI N'AIME PAS LE FROMAGE...

LE MÂT DE LA SANTA MARIA EST LE PLUS HAUT DE LA FLOTTE!

HUM, EXCUSEZ-MOI...

C'EST UNE BONNE CHOSE QUE NOUS N'AYONS PAS LE VERTIGE...

HÉ! FAIS ATTENTION DE NE PAS TOMBER!

GLOUP!

TIENS, TIENS, VOYONS VOIR CELA!

SEULS DES CHATS PEUVENT AVOIR LAISSÉ CES MARQUES!

NOUS AVONS MÊME CHERCHÉ LA NUIT...

ZZZZ... GRRR... GROAR...

QUE PUIS-JE FAIRE POUR CELA?

FINALEMENT, NOUS NOUS SOMMES RÉUNIS POUR RASSEMBLER NOS NOTES...

J'AI PASSÉ UNE NUIT BLANCHE, MAIS JE N'AI RIEN DÉCOUVERT!

J'AI TROUVÉ QUELQUES INDICES...

J'AI TROUVÉ TROIS SOUFFLÉS AU FROMAGE QUI N'AVAIENT PAS ÉTÉ MANGÉS ET TROIS GRIFFURES DE CHAT SUR LE MÂT! CELA NE VOUS DIT PAS QUELQUE CHOSE?

AUCUN RONGEUR N'A JAMAIS LAISSÉ UN DE MES SOUFFLÉS AU FROMAGE!

TOUT CELA CONFIRME QUE LES CHATS SONT RÉELLEMENT ICI, SUR LA SANTA MARIA...

LES JOURS DE CES CHATS SONT COMPTÉS...

AÏE! ATTENTION!

ZAC

ET VOUS? QU'AVEZ-VOUS DÉCOUVERT? PERSONNE NE PORTE ATTENTION AUX SOURICEAUX COMME VOUS...

27

EN FAIT, MON ONCLE, NOUS AVONS REMARQUÉ QUELQUE CHOSE...

LES MARINS QUI ONT FAIT PEUR À L'ÉQUIPAGE AVEC LEURS HISTOIRES ET QUI ONT PARLÉ DE LA PUANTEUR SONT LES MÊMES QUI ONT DIT AVOIR VU LE MONSTRE...

CE N'EST PAS UNE COÏNCIDENCE ... SI C'ÉTAIT LES CHATS PIRATES DÉGUISÉS EN SOURIS?

NOUS DEVONS DONC GARDER LES YEUX OUVERTS! MAIS FAITES ATTENTION! CELA PEUT ÊTRE *DANGEREUX...*

ARGH!

PAF!

CHATS CALAMITEUX, C'EST VRAI!! NOUS DEVONS ÊTRE PRUDENTS!

EN FAIT, LA VIE À BORD ÉTAIT TRÈS DANGEREUSE...

OUPS! DÉSOLÉ! HÉ! HÉ! HÉ!

TOC

AILLE!

AÏE!!

HA! HA! HA!

OUPS!

SPLOUCH!

FAIS ATTENTION, LE SCRIBE! ON TRAVAILLE, NOUS!

GLOUP! FLOU!

MAIS NOUS NE SAVIONS PAS ENCORE QUE TOUT CELA FAISAIT PARTIE DU PLAN DES CHATS PIRATES!

HA! HA!

VOUS AURIEZ DÛ VOIR CE RONGEUR! HA! HA!

HÉ! J'AI UNE IDÉE! POURQUOI NE PAS S'OCCUPER DE CE SCRIBE UNE FOIS POUR TOUTES?

EXACT! SEULEMENT LUI PEUT NOUS EMPÊCHER DE *FENDRE* LE BATEAU...

CELA SE PRONONCE RÉELLEMENT *PRENDRE*... MAIS NOUS PENSERONS AU SCRIBE PLUS TARD... RAPPELEZ-VOUS LE PLAN : PROVOQUER UNE MUTINERIE CHEZ LES MARINS, PRENDRE LES COMMANDES DU BATEAU À LA PLACE DE COLOMB, DÉCOUVRIR L'AMÉRIQUE PAR NOUS-MÊMES ET DEVENIR RICHES!

BIEN! JUSQU'À PRÉSENT, NOUS NOUS SOMMES JUSTE AMUSÉS! MAINTENANT, SOYONS SÉRIEUX!

QUELQUES JOURS PLUS TARD, NOUS RENCONTRÂMES UNE VIOLENTE TEMPÊTE...

ÉQUIPAGE SUR LES PONTS INFÉRIEURS! SEUL L'ÉQUIPAGE DES GRÉEMENTS RESTE SUR LE PONT!

QU'EST-CE QUI M'A PRIS D'ACCEPTER?

VOUS! ALLEZ SUR LE NID-DE-CORBEAU ET NE PERDEZ PAS DE VUE LA NIÑA ET LA PINTA!

GLOUP!

LE PONT INFÉRIEUR ET LE NID-DE-CORBEAU

LE PONT INFÉRIEUR EST LA ZONE SOUS LE PONT D'UN BATEAU, À L'ABRI. DE SON CÔTÉ, LE NID-DE-CORBEAU, EST UNE PLATE-FORME EN BOIS AU SOMMET DU MÂT.

LES MÂTS
LE NAVIRE
DE COLOMB AVAIT
TROIS MÂTS :
UN AU CENTRE
QUI ÉTAIT
LE GRAND MÂT,
UN SUR LA PROUE
(À L'AVANT)
QUI ÉTAIT LE MÂT
DE MISAINE ET
UN SUR LA POUPE
(À L'ARRIÈRE),
L'ARTIMON.

LE MATIN, APRÈS LA TEMPÊTE...

LA TEMPÊTE A-T-ELLE FAIT BEAUCOUP DE DOMMAGES, CAPITAINE?

VOUS VOULEZ RIRE! MAIS TOUT PEUT ÊTRE RÉPARÉ...

SAUF LA VOILE DU MÂT DE MISAINE! LES MARINS ONT DIT QU'ELLE AVAIT ÉTÉ FRAPPÉE PAR UNE TRÈS FORTE RAFALE DE VENT. MAIS, HEUREUSEMENT, NOUS EN AVONS UNE AUTRE...

PSST! PSST! MON ONCLE!

NOUS AVONS DÉCOUVERT QUELQUE CHOSE DE *TERRIBLE!*

OUI, MON ONCLE, NOUS AVONS DÉCOUVERT POURQUOI LA VOILE S'EST ENVOLÉE! REGARDE!

TU VOIS? CE N'ÉTAIT PAS LE VENT : LA CORDE QUI TENAIT LA VOILE *A ÉTÉ COUPÉE, JUSTE ICI!*

VOUS AVEZ RAISON, LES ENFANTS! JE PENSE QUE JE SAIS QUI A FAIT ÇA...

PENSES-TU À LA MÊME CHOSE QUE NOUS?

OUI... C'EST L'EMPREINTE DES CHATS PIRATES! MAIS OÙ PEUVENT-ILS SE CACHER ?

LE VOYAGE CONTINUA PAISIBLEMENT DURANT QUELQUES JOURS, JUSQU'À CE QUE...

MAINTENANT, NOUS AVONS LE VENT DANS LE DOS ET NOUS VOYAGEONS PLUS VITE QUE JAMAIS!

BIEN, CAPITAINE! J'AI HÂTE D'ATTEINDRE LES INDES!

NOUS ALLONS AVOIR BEAUCOUP DE CHOSES À RACONTER QUAND NOUS ALLONS REVENIR!

EFFECTIVEMENT, MES AMIES VONT ÊTRE JALOUSES!

GLOUP!

ARGL! CETTE EAU EST SAAAAAAAALÉE!!!

LA MIENNE AUSSI!

BEURK! DE L'EAU SALÉE? C'EST IMPOSSIBLE!!!

CAPITAINE! QUELQU'UN A DONNÉ DE L'EAU SALÉE AUX MARINS!

CE NE SERAIT PAS UNE DE TES FARCES HABITUELLES?

JE NE FAIS DES BLAGUES QU'À TOI! JE NE SAIS PAS CE QUI A PU SE PASSER!

UNE MUTINERIE ÉCLATA PARMI L'ÉQUIPAGE...

C'EST VRAI! NOUS NE POUVONS PLUS SUPPORTER CELA!

C'EST ASSEZ! TROP DE CHOSES SONT ARRIVÉES!

PAR MILLE MIMOLETTES! CE VOYAGE N'AURAIT JAMAIS DÛ ARRIVER!

ALLONS DEMANDER AU CAPITAINE...

QUOI?

QUE VOULEZ-VOUS DEMANDER AU CAPITAINE?

RETOURNER À LA MAISON!

OUI, ALLONS CHEZ NOUS!

À LA MAISON! ASSEZ DES OCÉANS! LONGUE VIE AUX BAIGNOIRES!

VAILLANTS RONGEURS, QUI VEUT S'EN RETOURNER?

CE VOYAGE EST IMPOSSIBLE...

JE N'AI JAMAIS VU QUELQUE CHOSE COMME ÇA...

OUI, NOUS AVONS ÉTÉ DIRIGÉS PAR UN CHARLATAN!

33

ARRÊTEZ DE GASPILLER VOTRE SALIVE! QUI N'A JAMAIS EU DE PROBLÈMES EN MER?

PLUSIEURS D'ENTRE VOUS ONT DÉJÀ NAVIGUÉ AVEC MOI AUPARAVANT ET SAVENT QUE JE TIENS TOUJOURS MES PROMESSES!

NOUS AVONS DÉJÀ DÉCOUVERT CE QUI EST ARRIVÉ AVEC L'EAU...

UN DES TONNEAUX ÉTAIT REMPLI D'EAU SALÉE, MAIS TOUS LES AUTRES AVAIENT LA MEILLEURE EAU QUI SOIT...

ÉCOUTEZ LE CUISINIER! CE N'EST RIEN DE PLUS QU'UNE SIMPLE ERREUR CAUSÉE LORS DU DÉPART. ALORS...

TOUT LE MONDE AU TRAVAIL!

EST-CE VRAI? CETTE HISTOIRE NE ME CONVAINC PAS...

UNE CHOSE DE PLUS ET JE RETOURNE CHEZ MOI À LA NAGE...

HUM... QUI A PU CHARGER DE L'EAU SALÉE À BORD? ET QUE VA-T-IL ARRIVER ENCORE?

CETTE NUIT-LÀ, TOUT L'ÉQUIPAGE DORMIT SUR LE PONT À CAUSE DE LA CHALEUR...

ZZZZ ZZZZ

ZZZZ

Z

J'ÉTAIS EN TRAIN DE RÊVER À DU DÉLICIEUX CHOCOLAT ET À DU GORGONZOLA, QUAND...

ZZZZ MIAOU... ZZZ MIAOU

RRRR MIAOU ZZZ

MOZZARELLA MOISIE! JE NE RÉUSSIRAI JAMAIS À M'ENDORMIR ICI! ET CE MARIN QUI...

... A DIT... miaou! UN CHAT! J'AI PEUR DES CHATS!

RRRRR... MIAOUUU... ZZZZ... MIAOUUU...

ZZZZ... HORRIBLE FACE DE RONGEUR... MIAOU... NOUS ALLONS PRENDRE LES COMMANDES DU BATEAU... ZZZ...

BRRR, C'EST TERRIFIANT! MAIS JE DOIS ÊTRE BRAVE ET DÉCOUVRIR LE PLAN DE CES CRAPULES!

ZZZZ... NOUS DIRIGERONS LES BATEAUX JUSQU'EN AMÉRIQUE... ZZZZ... NOUS ALLONS DEVENIR TRÈS RICHES... MIAOU...

!!!

MIAOU... LE ROI D'ESPAGNE NOUS NOMMERA VICE-ROIS... RRRR... TOUS LES CHATS EN AMÉRIQUE SERONT CÉLÈBRES... ZZZZZ...

CES ESCROCS!

COMMENT ALLEZ-VOUS FAIRE CELA?

DEMAIN, IL Y AURA UNE MUTINERIE DE L'ÉQUIPAGE... MIAOU... ET MAINTENANT, LAISSE-MOI DORMIR PETIT RAT AFFREUX... RRRR... NOUS NOUS OCCUPERONS DE TOI AUSSI... ZZZZ...

MOZZARELLA MOISIE! NOUS SOMMES EN *DANGER!*

QUELQUES MINUTES PLUS TARD...

MAINTENANT, VOUS SAVEZ TOUT, QUE POUVONS-NOUS FAIRE?

NOUS ALLONS LES DÉNONCER AU CAPITAINE COLOMB...

IL NE CROIRA JAMAIS NOTRE HISTOIRE...

ATTENDONS QUE LES CHATS PIRATES FASSENT UN FAUX PAS...

OUI, NOUS ALLONS LES PRENDRE LA PATTE DANS LE SAC!

C'EST VRAI, GERONIMO! NOUS DEVONS LES DÉMASQUER LORSQU'ILS ENTRERONT EN ACTION!

HUM... ES-TU SÛRE? N'EST-CE PAS ... DANGEREUX?

NE T'INQUIÈTE PAS, COUSIN! JE T'AIDERAI À SAUVER L'HISTOIRE!

ARGL! MERCI! J'ESPÈRE ÊTRE EN UN SEUL MORCEAU APRÈS!

LE LENDEMAIN, COLOMB FIT UNE FÊTE...

VOUS DANSEZ DIVINEMENT BIEN! ET VOUS ÊTES LÉGÈRE COMME UNE PLUME...

MERCI, MONSIEUR!

VOUS DANSEZ COMME UN VRAI GENTILRAT, LE SCRIBE!

VOUS ME FAITES ROUGIR... HUM... HEU...

ATTENTION! SELON MES CALCULS, NOUS AVONS FAIT PLUS DE LA MOITIÉ DU TRAJET DE NOTRE VOYAGE!

POUR célébrer CELA, IL Y AURA UNE RATION SUPPLÉMENTAIRE DE FROMAGE POUR TOUT LE MONDE!

ALLEZ, LE CUISINIER! UNE DOUBLE RATION POUR TOUT LE MONDE!!!

J'Y VAIS ET JE REVIENS TOUT DE SUITE!

HOURRA! HOURRA!

REPAS
LE SEUL REPAS CHAUD DE LA JOURNÉE ÉTAIT À 11 H. LE SOIR, DES RATIONS FROIDES DE BISCUITS, DE FROMAGE ET D'UN PEU DE VIANDE SÉCHÉE ÉTAIENT DISTRIBUÉES.

MAIS C'ÉTAIT COMME SI UN OURAGAN ÉTAIT PASSÉ À L'INTÉRIEUR DU BATEAU. EN FAIT, DANS LA CUISINE...

!!??

CHATS CALAMITEUX! OÙ EST PASSÉ TOUT LE FROMAGE? JUSTE HIER, IL Y EN AVAIT ENCORE BEAUCOUP...

IMMÉDIATEMENT, LA NOUVELLE QU'IL N'Y AVAIT PLUS DE FROMAGE COURUT SUR LE NAVIRE...

QUOI!?

PFFF! PAS DE HORS-D'ŒUVRE AU GORGONZOLA...

GRRRR! PAS DE MOZZARELLA POUR DÉJEUNER...

GROAAR! PAS DE FROMAGE DE CHÈVRE POUR LA COLLATION!

QU'ALLONS-NOUS FAIRE SANS FROMAGE?

SI NOUS NE MANGEONS PAS DE FROMAGE, NOUS NE SERONS PLUS BRAVES!

SI NOUS NE MANGEONS PAS DE FROMAGE, NOUS N'ALLONS PAS FAIRE UN BON VOYAGE!

CALMEZ-VOUS! NOUS AVONS BEAUCOUP D'AUTRES BONNES CHOSES DANS LA CALE!

ASSEZ! TOUT CE REMUE-MÉNAGE POUR UN MORCEAU DE FROMAGE?

LE FROMAGE NOUS DONNE DES FORCES!

NOUS NE POUVONS PAS TRAVAILLER SANS FROMAGE!

SON ARÔME NOUS AIDE À TRAVAILLER FORT!

NE CROYEZ PAS LE CAPITAINE COLOMB! DEMANDEZ-LUI CE QU'IL VEUT FAIRE AVEC LE TRÉSOR DES INDES?

NOUS NAVIGUONS SOUS LES ORDRES DU ROI... CE SERA À LUI DE DÉCIDER!

ET QUE RESTERA-T-IL POUR NOUS? DES MIETTES, PAS VRAI?

SPLOUCH!

!!!

HI! HI!

DE L'EAU?

SOIS BRAVE, MON COUSIN! CECI EST NOTRE MOMENT DE GLOIRE!

MAIS... MAIS...

EST-CE RÉELLEMENT...

...DE L'EAU!!!

MIAOUUUUU!!! JE NE SUPPORTE PAS L'EAU!

CE CHAT EST TERSILLA, LA FILLE DE...

... CATARDONE, L'EMPEREUR DES CHATS PIRATES!

ET VOICI SON COMPLICE, BONZO LE CHAT!

FINALEMENT, NOUS LES AVONS DÉMASQUÉS...

... ET NOUS AVONS SAUVÉ L'HISTOIRE!

PLUS TARD...

JE NE SAIS PAS COMMENT VOUS REMERCIER, LE SCRIBE! VOUS AVEZ SAUVÉ MA MISSION!

ILS VOULAIENT PRENDRE LE CONTRÔLE DU BATEAU, MAIS ILS N'ONT PAS RÉUSSI!

MAINTENANT QUE TOUT EST RÉSOLU, FAISONS LA FÊTE! DANSONS!

À VOS ORDRES, CAPITAINE!

AMENEZ CES CRAPULES AILLEURS! NOUS DÉCIDERONS DE CE QUE NOUS FERONS AVEC EUX PLUS TARD...

grrr!

CAPITAINE COLOMB, J'AI UNE IDÉE!

LE VOYAGE CONTINUA PAISIBLEMENT...

...OU PRESQUE!

OUPS!

MA CARTE!

JE MIS PAR ÉCRIT LE RÉCIT, AVEC CETTE SOURIS...

ET C'EST GRÂCE À MOI QUE LES CHATS PIRATES FURENT CAPTURÉS...

MACARONI MOUSARONI CHOISIT LA TENUE QU'ELLE ALLAIT METTRE POUR LE DÉBARQUEMENT QUAND NOUS ARRIVERIONS AUX INDES...

QUELLE ROBE ME VA LE MIEUX, LA JAUNE OU LA ROUGE?

BENJAMIN ET PANDORA EURENT DU PLAISIR AVEC LE RESTE DE L'ÉQUIPAGE...

OH! QU'IL EST AGRÉABLE DE NAVIGUER, SUR TOUTES LES MERS ET TOUTE LA JOURNÉE!

EN RÉSUMÉ, TOUT LE MONDE ÉTAIT HEUREUX...

JE VOUS LE DISAIS! NOUS AVONS RÉELLEMENT UN CAPITAINE GÉNIAL!

... ET LES CHATS PIRATES PAYAIENT POUR LEURS FAUTES!

C'EST DE TA FAUTE!

NON! TOUT CELA EST DE TA FAUTE!

TOUT CELA EST DE VOTRE FAUTE!

FINALEMENT, UN MATIN...

OH! COMME JE SOUHAITERAIS ÊTRE À SOURISIA!

QU'EST-CE QUI M'A PRIS D'ACCEPTER CETTE AVENTURE?

MAIS C'EST... C'EST...

TERRE...

L'AMÊR...!!!

QU'EST-CE QUE JE DIS? JE NE DOIS PAS CHANGER LE COURS DE L'HISTOIRE!

TERRE! *TERRE!* OH!! *TERRE!* OH!!!

EN QUELQUES SECONDES, L'ÉQUIPAGE EN ENTIER GRIMPA SUR LE PONT, FAISANT ÉCHO À MES CRIS...

TERRE!

MOZZARELLA MOISIE! JE LA VOIS AUSSI!

C'EST VRAIMENT LA TERRE!

OUI! C'EST LA TERRE! NOUS AVONS ATTEINT LES *INDES!*

COLOMB DÉBARQUA AUSSITÔT QUE LE JOUR FUT LEVÉ...

SAN SALVADOR COLOMB N'AVAIT PAS ATTEINT LES INDES. LA TERRE QU'IL VIT LE 12 OCTOBRE 1492, NOMMÉE PAR LUI SAN SALVADOR, ÉTAIT UNE ÎLE DES BAHAMAS, EN AMÉRIQUE.

JE REVENDIQUE CETTE ÎLE AU NOM DE MON SOUVERAIN, LE GRAND ROI D'ESPAGNE, FERDINAND DE CASTILLE...

ET DE LA REINE ISABELLE D'ARAGON...

CAPITAINE, HUM...

NOUS AVONS DES VISITEURS...

!!!

QUEL EST VOTRE NOM?

!?!

*MA FAMILLE ET MOI VOUS SOUHAITONS LA BIENVENUE!

QUE POURRIONS-NOUS DIRE DE PLUS? UN LONG VOYAGE NOUS ATTENDAIT...

AU REVOIR! AU REVOIR!

*BON VOYAGE!

LA SANTA MARIA S'ÉCHOUA SUR UN ROCHER ET NOUS DÛMES L'ABANDONNER...

Dépêchez-vous! TOUT LE MONDE À BORD DE LA PINTA!

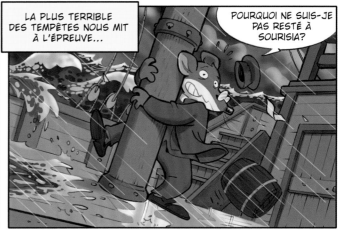

LA PLUS TERRIBLE DES TEMPÊTES NOUS MIT À L'ÉPREUVE...

POURQUOI NE SUIS-JE PAS RESTÉ À SOURISIA?

AVANT D'ATTEINDRE L'ESPAGNE AVEC LA PINTA, COLOMB ACCOSTA À LISBONNE OÙ IL FUT REÇU PAR LE ROI DU PORTUGAL..

NOUS ARRIVÂMES À PALOS LE 15 MARS 1493...

AU REVOIR!

CE FUT MERVEILLEUX DE VOYAGER AVEC VOUS!

FINALEMENT LA TERRE...

OUPS!

SPLOUCH

COUSIN! POURQUOI LARGUES-TU LES AMARRES, ENCORE?

FLOU! FLOU!

AUSSITÔT QU'ILS ARRIVÈRENT SUR TERRE, LES CHATS PIRATES PARTIRENT À TOUTE VITESSE DU BATEAU VERS LE CATJET...

VITE! VITE!

VITE! SUIVEZ-MOI JUSQU'AU CATJET!

MIAOUUUU!!! VOUS ALLEZ BIENTÔT ENTENDRE PARLER DE NOUS...

NOUS PRÎMES LE RATONAUTILUS POUR RETOURNER À SOURISIA!

MES AMIS! COMMENT ALLEZ-VOUS?

MISSION ACCOMPLIE! NOUS AVONS DÉMASQUÉ LES CHATS PIRATES ET CHRISTOPHE COLOMB A DÉCOUVERT L'AMÉRIQUE!

HOURRA! CES VOYOUS N'ONT PAS CHANGÉ L'HISTOIRE!

MAIS GARDONS L'ŒIL SUR EUX! JE SUIS CERTAIN QU'ILS VONT ESSAYER À NOUVEAU!

ALLONS-NOUS DEVOIR ENCORE VOYAGER DANS LE TEMPS, PROFESSEUR?

TRÈS BIENTÔT!

PFF! UNE AUTRE MISSION... NOUS VENONS TOUT JUSTE D'ARRIVER!

ET MAINTENANT, CÉLÉBRONS VOTRE RÉUSSITE!

HOURRA! NOUS AVONS DÉMASQUÉ LES CHATS PIRATES ET SAUVÉ L'HISTOIRE!

WOW! DU FROMAGE POUR TOUS LES GOÛTS!

AU REVOIR, CHERS AMIS RONGEURS, ET À BIENTÔT POUR DE NOUVELLES AVENTURES... DES AVENTURES AU POIL, ÉCRITES PAR STILTON, *Geronimo Stilton!*

LES CHATS PIRATES VOYAGENT DANS LE TEMPS À BORD DU CATJET AFIN DE CHANGER L'HISTOIRE ET DEVENIR RICHES ET CÉLÈBRES. CEPENDANT, GERONIMO ET SA FAMILLE ARRIVENT TOUJOURS À LES DÉMASQUER.